gnements que fournit à cet égard M. le comte de Grouchy. Une poitrine sillonnée de tant de blessures reçues pendant vingt-cinq années de combats, donne à ce général le droit de s'expliquer, et impose aux amis de la patrie le devoir de l'entendre.

RELATION

DE LA

CAMPAGNE DE 1815,

DITE DE WATERLOO.

PARIS, IMPRIMERIE DE GAULTIER-LAGUIONIE.

RELATION

DE LA

CAMPAGNE DE 1815,

DITE DE WATERLOO,

POUR SERVIR A L'HISTOIRE DU MARÉCHAL NEY,

PAR M. LE COLONEL HEYMÈS,

SON PREMIER AIDE-DE-CAMP, TÉMOIN OCULAIRE.

Un général qui prend le commandement d'une armée la veille d'une bataille est dans une fausse position : tout est à son désavantage.

L'auteur de la relation qu'on va lire, ancien militaire retiré du service depuis la bataille de Waterloo, était loin de croire qu'il dût un jour être forcé de prendre la plume pour retracer les derniers faits d'armes auxquels il a pris part ; mais plusieurs écrivains ont décrit cette campagne de 1815 d'après de mauvais je dirai plus d'après de faux renseignements. Ils ont attaqué plus ou moins la conduite du maréchal Ney ; l'un d'eux s'est même présenté dans l'arène avec une espèce de caractère officiel qui a imposé à tout le monde; de là les erreurs dans lesquelles sont tombés quelques-uns de ceux qui ont écrit sur ce sujet, et qui sans doute n'ont pas été à même de rechercher la vérité. Ils se sont copiés l'un l'autre, le mensonge s'est fixé; et l'un des plus grands capitaines de notre époque a été jugé, condamné, sans être entendu, et cela, d'après des rapports que l'on peut au moins suspecter d'inexactitude.

C'est pour rétablir la vérité dans tout son jour que cette relation a été entreprise : on n'y lira pas un mot qui ne soit rigoureusement exact : l'auteur espère atteindre le but qu'il s'est proposé, celui de convaincre les honnêtes gens qui sont restés Français, au milieu de l'esprit de parti et des coteries auxquels tous les moyens semblent légitimes, pour se produire et dominer.

Tout se préparait en France, au mois de juin 1815, pour entrer en campagne. Des corps d'armée avaient été formés, les commandements avaient été donnés à des généraux du choix de l'empereur; le maréchal Ney était à Paris, impatient de savoir s'il serait ou ne serait pas employé; il attendait avec toute la France agitée les résultats de la grande lutte qui allait s'ouvrir.

Le 11 juin, à onze heures du soir, le maréchal, étant à l'Élysée-Bourbon où le départ de l'empereur se disposait, reçut l'ordre de joindre l'armée; à minuit, il était rentré chez lui; il fit aussitôt faire les apprêts de son voyage.

Le 12, à neuf heures du matin, après avoir fait partir ses chevaux et ses équipages de guerre, le maréchal monta en voiture avec le colonel Heymès, son premier aide-de-camp : il partit en poste. MM. Dutono, secrétaire, et Rayot, intendant de sa maison, suivaient dans une calèche.

Le maréchal arriva à Laon à dix heures du soir; l'empereur dormait, il ne le vit point.

Le 13, le maréchal fut coucher à Avesnes; il y arriva dans la matinée, fut tout de suite chez l'empereur et dîna avec lui.

Le 14, tous les chevaux de poste furent employés pour le service de l'empereur, le maréchal ne put en obtenir; ce ne fut qu'à dix heures du matin qu'ayant enfin trouvé des chevaux de paysans, il put quitter Avesnes; mais la route était si mauvaise, si chargée de troupes, l'attelage qui le conduisait si lourd, qu'il n'arriva à Beaumont qu'à dix heures du soir. L'empereur était couché, il ne put le voir. Le logement du maréchal n'était pas fait. M. d'Aure intendant général de l'armée lui céda une chambre où il passa la nuit.

Le 15, les troupes se mirent en marche;
l'empereur quitta Beaumont à deux heures du
matin. Le maréchal ne peut le suivre, attendu
qu'il n'avait point de chevaux à sa disposition.

Cependant, ayant appris, vers dix heures du
matin que le maréchal Mortier était resté ma-
lade dans cette ville, Ney fut le voir et acheta de
lui deux chevaux. Le colonel Heymès en faisait
autant de son côté, en sorte qu'ils purent se
mettre en route, suivis d'un domestique, les
voitures restèrent à Beaumont.

Le maréchal, en longeant la colonne, fut ac-
cueilli par les propos flatteurs des vieux soldats qui se réjouissaient de revoir au milieu
d'eux le *rougeot* (1) qui les avait si souvent con-
duits à la victoire.

A sept heures du soir, le maréchal rejoignit
l'empereur au delà de Charleroi, à l'embran-
chement des routes de Bruxelles et de Fleurus.

« Bonjour, Ney, lui dit ce prince, je suis bien
« aise de vous voir : vous allez prendre le com-
« mandement des premier et deuxième corps.
« d'infanterie ; le général Reille marche avec
« trois divisions sur Gosselies. Le général D'Er-
« lon doit coucher ce soir à Marchiennes-au-
« Pont ; vous aurez avec vous la division de ca-

(1) C'était le nom de confiance et d'amitié que les vieux soldats lui
donnaient entre eux.

« valerie légère de Pirée; je vous donne aussi
« les deux régiments de chasseurs et de lanciers
« de ma garde, mais ne vous en servez pas. De-
« main vous serez rejoint par les réserves de
« grosse cavalerie aux ordres de Kellermann.
« Allez et poussez l'ennemi. »

Les vœux du maréchal étaient remplis; il
avait un corps, il oubliait qu'il n'y a rien
de pire pour un général que de prendre le
commandement d'une armée la veille d'une
bataille. Il prit congé de l'empereur, et une
heure après il était à la tête du deuxième corps;
on marchait, les tirailleurs étaient engagés, on
dépassa Gosselies.

On fit bientôt trois ou quatre cents prisonniers d'un bataillon des troupes de Nassau qui
formaient avec les Hessois, les Belges et autres,
l'extrême gauche de l'armée anglaise.

A dix heures du soir, le maréchal occupait le
village de Frasnes, situé sur la route de Bruxelles, une lieue en deçà des Quatre-Bras, avec la
division de cavalerie légère de Pirée et celle
d'infanterie que commandait Bachelu. Les deux
régiments de chasseurs et de lanciers de la garde
étaient en réserve derrière ce village. Le général
Reille avec deux divisions d'infanterie et leur
artillerie resta à Gosselies où il passa la nuit; ces

divisions assuraient la communication en attendant l'arrivée du premier corps qui devait coucher à Marchiennes-au-Pont.

La nuit était close, les troupes marchaient depuis deux heures du matin, les renseignements annonçaient que dix bataillons avec de l'artillerie occupaient les Quatre-Bras, et que l'armée anglaise manœuvrait pour se concentrer sur ce point important.

On prit position en avant de Frasnes. Le maréchal, après avoir donné ses ordres et recommandé la plus active surveillance, revint de sa personne à Charleroi, où il ne fut rendu qu'à minuit.

L'empereur venait de rentrer ; Ney soupa et conféra avec lui, depuis minuit jusqu'à deux heures du matin.

On a reproché au maréchal de ne s'être pas emparé de la position des Quatre-Bras dans la journée du 15. Cette journée cependant fut assez pleine. A la guerre on peut à la rigueur risquer une attaque, quand on a une chance de succès sur dix ; mais ici toutes étaient contraires. Les troupes étaient harassées par une marche de vingt heures. Le maréchal ne savait ni les noms des généraux, ni ceux des colonels. Il ne connaissait pas la force des régiments, et savait bien moins encore le nombre d'hommes qui avaient pu suivre les têtes de colonne dans une marche aussi longue. Eût-il été sage de tenter une attaque de nuit avec quatre ou cinq mille hommes d'infanterie et mille à douze cents chevaux, sur un point que personne ne connaissait et que l'on savait être défendu par dix bataillons avec de l'artillerie? Tous les militaires de bonne foi répondront non. L'empereur lui-même en jugea ainsi, puisqu'il accueillit et retint le maréchal à souper à la fin de cette journée, laquelle est tellement importante, que l'on se croit obligé de résumer les actes qui l'ont remplie.

On a vu que le 15, à dix heures du matin, le maréchal, resté en arrière, faute de moyens de transport, achetait deux chevaux; qu'à sept heures du soir, il recevait un commandement; à huit heures il battait l'ennemi et lui faisait de prisonniers; à dix heures il avait fait cinq lieues avec sa troupe, et prenait position en avant de Frasnes; à minuit, il rendait compte, à Charleroi, des dispositions qu'il avait prises. L'empereur le retint à souper, lui donna ses ordres et reçut le maréchal avec la franchise du camp; il lui fit part de ses projets et de ses espérances pour la journée du 16, qui allait bientôt commencer. Il mangea avec lui le pain de l'amitié dans la nuit du 15 au 16. Tous les grands officiers du quartier impérial purent l'attester...

Où sont donc les preuves du mécontentement de l'empereur, pour la non-occupation des Quatre-Bras ? Il était trop bon juge pour ne pas savoir qu'elle n'avait pu avoir lieu.

Le 16, à deux heures du matin, le maréchal revint à Gosselies où il s'arrêta quelques instants pour communiquer avec le général Reille ; il lui donna l'ordre de partir dès qu'il le pourrait, avec ses deux divisions et son artillerie, de se rallier à Frasnes, où le maréchal se rendit presque aussitôt. Il s'y trouva de nouveau à la tête de ses troupes et en présence de l'ennemi. Il recueillit les renseignements que les généraux et autres officiers avaient pu se procurer. Pendant ce temps, le colonel Heymès parcourait la ligne, visitait chacun des régiments. Il prenait par écrit les noms des colonels, et nombrait la force de chaque corps. Il vint bientôt après, en présenter au maréchal l'état de situation.

On voit que le 16, à huit heures du matin, il n'y avait encore à Frasnes que la division de cavalerie légère du général Pirée, celle d'infanterie du général Bachelu, et les deux régiments de chasseurs et lanciers de la garde, en réserve derrière ce village ; le général Reille, avec les

deux divisions commandées par Foy et Guilleminot, était en route pour se rallier sur ce point.
La division du général Girard avait été dirigée, la
veille par l'empereur, sur Ligny, où ce général
fut tué dans la journée du 16. Cette division n'a
jamais rallié le deuxième corps dont elle faisait
partie.

Ainsi, quand tout le 2ᵉ corps fut réuni, il n'y
avait de disponible que quatre régiments de
cavalerie légère, trois divisions d'infanterie et
l'artillerie, en tout 17 à 18,000 hommes, et non
pas 40,000 comme on l'a tant répété. On n'a pas
dans ce nombre compris la cavalerie légère de
la garde ; mais l'on se rappelle que l'empereur
avait défendu de l'engager.

L'ennemi, qui occupait les Quatre-Bras, mon-
trait alors une force de 25,000 hommes avec une
nombreuse artillerie ; sa droite couvrait le bois
de Bossu ; son centre était en avant des Quatre-
Bras ; sa gauche se perdait dans la direction de
Namur, dont elle occupait la route en se rap-
prochant de notre flanc droit.

A défaut d'officiers d'état-major, dont le maréchal manquait absolument, des officiers de
chasseurs, de lanciers de la garde furent envoyés
à la rencontre du 1ᵉʳ corps, dans la direction de
Marchiennes-au-Pont ; ils avaient ordre de pres-
ser sa marche sur Frasnes.

La matinée du 16 se passa à reconnaître l'ennemi et le terrain sur lequel on allait combattre, ainsi qu'à attendre l'arrivée du 1er corps et les réserves de cavalerie du général Kellermann. Vers onze heures, le général Flahaut apporta l'ordre d'enlever les Quatre-Bras et de marcher sur Bruxelles.

Le maréchal fit sur-le-champ ses dispositions. Le temps s'écoulait, il était une heure, et cependant le 1er corps n'arrivait pas; on n'en avait pas même de nouvelles, mais il ne pouvait plus être éloigné. Le maréchal n'hésita pas à engager l'action; les Anglais se renforçaient à vue d'œil, mais leur supériorité numérique ne l'inquiétait pas. Il pensait que le bruit de son canon ferait arriver plus vite le 1er corps, il aborda l'ennemi. La division Guilleminot s'élança dans le bois de Bossu, où elle éprouva une forte résistance. Cependant, à trois heures, elle était maîtresse du bois et menaçait les derrières des Quatre-Bras. La division Bachelu joignit l'ennemi de front sur la route même, et la division Foy attaqua l'extrême gauche des Anglais. Partout la résistance était vive, mais partout l'attaque était impétueuse. La division Pirée, quoique protégée par notre artillerie, fit une charge qui n'eut point de succès.

Un peu avant trois heures, le général Keller-

mann à la tête de deux régiments de cuirassiers
vint partager nos travaux; il ne prit de repos
que ce qu'il en fallait, pour faire souffler les
chevaux, puis il exécuta une charge brillante
qui eut toute la réussite désirable. Il tailla en
pièces plusieurs carrés d'infanterie écossaise,
en mit d'autres en déroute, prit un drapeau et
parvint, malgré la plus vigoureuse résistance, à
s'établir aux Quatre-Bras. Si le 1er corps, ou seu-
lement une de ses divisions fût arrivée à cet
instant, la journée était des plus glorieuses pour
nos armes; il fallait des troupes d'infanterie,
pour pouvoir garder la conquête que venait de
faire notre cavalerie, et le maréchal n'en avait
point de disponible, les trois divisions du
2e corps étaient sérieusement occupées.

Le général Kellermann gardait cependant les
Quatre-Bras depuis une demi-heure, quand l'infanterie anglaise, revenue de sa stupeur, se
glissa dans les maisons, les granges, les écuries
du village, fit tomber une grêle de balles sur nos
cavaliers; bientôt après l'ennemi démasqua une
batterie qui portait la mort dans les rangs de
nos braves qui ne purent pas long-temps résister à une attaque si soutenue. Il fallut revenir.
Le général fut démonté, le désordre se mit
dans sa troupe naguère victorieuse; le maréchal, en travers de la route, essaya de l'arrêter

sans pouvoir y parvenir. Le général Kellermann revenait aussi, mais accroché par chaque main aux mors de deux chevaux de cuirassiers au galop.

C'est à cet instant que le colonel Laurent, envoyé du grand quartier impérial, vint informer le maréchal que le 1er corps, par un ordre de l'empereur, qu'il avait transmis au général d'Erlon, avait traversé la route de Bruxelles au lieu de la suivre, et se portait dans la direction de Saint-Amand. Le général d'Elcambre, chef d'état-major de ce corps arriva bientôt après pour annoncer le mouvement qui s'exécutait.

L'ennemi avait alors 50,000 hommes aux Quatre-Bras. Il faisait des progrès sur nous ; mais le maréchal, en grand capitaine, jugeant maintenant le succès impossible, rallia ses troupes fortement engagées, et fit de bonnes dispositions pour se défendre sur la position de Frasnes, y attendre la nuit et y coucher, ce que l'ennemi, malgré des forces triples, ne put empêcher.

On voit qu'avec 17,000 hommes, plus la brigade de cuirassiers de Kellermann, le maréchal avait forcé la victoire à se ranger de son côté : qu'on juge de ce qu'il eût fait, si le premier corps fût arrivé! La nouvelle destination donnée à cette troupe, à laquelle il n'eut aucune part,

vint tout changer ; heureusement que le maréchal Ney possédait à un haut degré les deux pre-
mières qualités du guerrier, la présence d'esprit dans le danger, et la patience dans le
malheur ; il sut les mettre à profit dans cette
occasion difficile. Cette journée nous coûta en-
viron 3ooo hommes tués ou blessés, mais l'ennemi en perdit plus de 9ooo d'après ses propres rapports.

Le maréchal montra une telle fermeté pendant toute cette journée, que les Anglais n'osè-
rent pas faire le moindre détachement pour
appuyer les Prussiens, lesquels cependant n'a-
vaient accepté la bataille de Fleurus que sur
l'assurance qu'ils seraient soutenus.

L'empereur ayant trouvé partout une grande
résistance avait attiré à lui, comme on l'a vu, le
1er corps, dans la direction de Saint-Amand.
L'apparition de ce corps sur les derrières des
Français engagés à Ligny fit craindre un moment qu'il ne fût ennemi. L'erreur fut bientôt
reconnue, mais on perdit un temps précieux,
et les troupes envoyées à sa rencontre furent
rappelées.

L'ennemi faisait partout 'a plus vive résistance; Ligny fut pris et repris plusieurs fois.
Cependant la victoire s'étant déclarée pour l'empereur à Fleurus, et les Prussiens commençant

à se ralentir sur les autres points, le 1er corps fut renvoyé à sa première destination sans avoir été utile d'aucun côté. Le général d'Erlon vint de sa personne, à 9 heures du soir, rendre compte de sa journée au maréchal et recevoir ses ordres. Ce corps prit ses bivouacs en arrière de Frasnes, ayant encore à marcher une partie de la nuit pour se rallier.

On est à même de juger maintenant que sans qu'il y ait de la faute du comte d'Erlon, encore moins du maréchal Ney, le premier corps n'a-vait pas été utile à l'empereur, et que son ab-sence de Frasnes fit perdre une journée qui pouvait amener de très grands résultats.

Il n'est pas besoin de démontrer par d'autres raisonnements que le mouvement du 1er corps de gauche à droite et de droite à gauche, à l'oc-casion duquel on a si injustement incriminé le maréchal, ne lui appartient pas; il avait trop besoin de cette troupe pour l'avoir cédée sans ordres supérieurs. Le changement de direction de ce corps n'a été fait que sur un ordre émané directement de l'empereur. Que pouvait faire le maréchal? Il n'a connu ce mouvement que quand il était déjà exécuté, et d'ailleurs, en eût-il été informé à l'avance, il se serait bien gardé de s'y opposer puisque l'empereur l'avait ordonné.

Le maréchal fut rejoint à la fin de cette journée par M. Devaux, l'un de ses aides-de-camp.

Le 17 juin, de bon matin, le maréchal fit prendre les armes aux troupes sous ses ordres; lui-même était aux avant-postes dès le point du jour. L'ennemi n'avait pas quitté ses positions de la veille; mais on pouvait juger qu'il faisait un mouvement en arrière.

Le maréchal n'avait point de nouvelles de l'empereur. Ce ne fut que vers 9 heures que les reconnaissances envoyées dès le matin vinrent annoncer qu'il marchait avec son armée sur la route de Namur aux Quatre-Bras; ce prince arriva en effet à 10 heures à la hauteur du maréchal qui l'ayant rejoint reçut ordre d'appuyer la cavalerie d'avant-garde sur la route de Bruxelles. Les troupes du 1er corps formèrent la tête de colonne; on dépassa les Quatre-Bras, on poursuivit l'ennemi.

Il n'est pas vrai que l'empereur témoigna du mécontentement au maréchal Ney; il n'est pas plus vrai que ses troupes étaient encore dans leurs bivouacs quand il parut, car elles étaient sous les armes depuis la pointe de jour. Le 1er corps avait déjà dépassé Frasnes et repris son ordre de bataille.

A la petite ville de Gennapes, il y eut quelques

engagements de cavalerie qui ne ralentirent point notre marche.

A six heures du soir, le maréchal arriva sur le terrain en avant du village de Planchenoit, il fit ranger ses troupes en bataille à mesure qu'elles débouchaient; car l'ennemi s'était arrêté sur les hauteurs qui couvrent la forêt de Soignes où il avait établi des batteries qui nous faisaient éprouver des pertes sensibles.

L'empereur, arrivant bientôt après, donna l'ordre de se porter en avant; mais on ne s'était pas ébranlé; on vit l'ennemi se déployer et montrer qu'il attendait la bataille, adossé à la forêt de Soignes, la droite appuyée au bois et au château d'Hougmont, le centre à cheval sur la grande route, couvert par une ferme, entourée de haies vives qu'il avait fait creneler ; la gauche s'étendait vers le village de Mont-Saint-Jean.

L'empereur fit retirer les troupes, et l'on prit position pour la nuit. Le grand quartier impérial fut établi à la ferme du Caillou, au hameau de Maison-le-Roi. Le maréchal était dans une maison près de l'empereur avec lequel il dîna et conféra une partie de la soirée.

Des torrents de pluie tombèrent pendant toute cette nuit.

Le 18, vers huit heures du matin, parut un ordre du jour signé du duc de Dalmatie, major-

général, qui indiquait ce qu'il y avait à faire
pour se préparer à la bataille qui allait avoir lieu;
c'était en quelque sorte le garde-à-vous de celui
qui vint bientôt après de se porter en avant
sur la ligne de bataille.

Le temps s'était éclairci, et le soleil commen-
çait un peu à sécher les terres inondées par les
pluies de la nuit.

Vers onze heures, le 2ᵉ corps prit position;
une division, la droite appuyée à la route de
Bruxelles, une seconde division, la gauche appuyée au bois d'Hougmont, l'une et l'autre sur
deux lignes. La troisième division en arrière,
en réserve également sur deux lignes. La division de cavalerie légère éclairait l'extrême gauche.

Le 1ᵉʳ corps prit aussi position; sa division de
droite vis-à-vis la gauche des Anglais, appuyée
au village de Frischermont, la seconde division
venait ensuite ainsi que la troisième dont la
gauche était appuyée à la route de Bruxelles,
la quatrième division en arrière, en réserve: la
cavalerie légère, aux ordres du général Jacquinot,
éclairait l'extrême droite; l'artillerie en avant
de chaque division.

Une batterie de 6o pièces de canon servie par
les canonniers de la garde vint s'établir à portée
de l'ennemi, la gauche appuyée à la route.

Le 6e corps, commandé par le comte Lobau, était en réserve en arrière du second, la droite appuyée à la route.

Toutes les réserves de cavalerie, y compris les régiments de la garde, étaient serrées en masse, en avant du village de Planchenoit, la gauche appuyée à la grande route.

L'infanterie de la garde était aussi en réserve, à la hauteur des réserves de cavalerie, sur les deux côtés de la route de Bruxelles. L'empereur se trouvait sur une butte élevée à gauche de la route, d'où il pouvait voir tout le terrain où l'on allait combattre pour le sort de la France. A gauche de la route le terrain descendait en pente douce jusqu'au pied de la position occupée par l'ennemi ; à droite au contraire, il s'élevait et formait comme un grand plateau qui ne se rompait qu'à une portée de canon des Anglais, en sorte que sur le front du 1er corps, les deux armées n'étaient séparées que par une vallée sans obstacles.

Vers midi, un troisième aide-de-camp, les chevaux et équipages de guerre du maréchal, arrivèrent fort heureusement.

A une heure le signal de l'attaque fut donné par la grande batterie de la garde; bientôt après l'engagement devint général.

Le général d'Erlon dirigeait l'attaque de l'ex-

trême droite, le maréchal commandait celle du
centre sous le feu de la grande batterie, le général Reille attaquait le bois et le château
d'Hougmont.

Vers trois heures, l'ennemi, malgré la plus
vive résistance, fut forcé de céder aux efforts
du maréchal et de vider sa position du centre;
mais en même temps qu'il quittait la hauteur
à la gauche de la route, il exécutait à droite
une charge de cavalerie qui jeta du trouble sur
un point du 1er corps.

Pour soutenir cette charge, il fit avancer une
batterie à la Congrève, qui lança sur nous
plus de trois cents fusées, qui nous étonnèrent
d'abord, et nous amusèrent ensuite sans nous
faire le moindre mal.

Il n'en fut pas de même des deux régiments
de dragons anglais, qui s'élancèrent et vinrent
fondre sur une des divisions du 1er corps qui,
s'étant effrayée, se déforma et fut bientôt con-
fondue en une masse informe et hors d'état de
pouvoir tirer un coup de fusil; tout était pêle-
mêle, mais on parvint bientôt à lui faire repren-
dre son ordre de bataille. Une batterie de canon
de réserve, qui se croyait assez protégée par
cette division se désorganisa au point qu'on n'y
voyait plus un seul cheval et pas un canonnier;
mais ces deux régiments, ravageant tout comme

une nuée de sauterelles s'arrêtèrent enfin en face de nos réserves de cavalerie. Bientôt la scène changea ; les vainqueurs furent repoussés, rompus, sabrés ou pris ; pas un d'entr'eux ne put regagner l'armée anglaise.

C'est un peu plus tard que le canon se fit entendre sur notre flanc droit en arrière du village de Planchenoit ; l'empereur apprit bientôt que c'était un corps Prussien, échappé à la poursuite du général Grouchy, mais il cacha ce mouvement fâcheux. Ce corps ayant reconnu la gauche des Anglais, avait débouché sur notre extrême droite et s'étendait par sa gauche dans la direction de Charleroi.

Bulow, qui le commandait, faisait des progrès, et déjà son canon balayait la route en arrière du village, où était établi le grand quartier-général, que le bataillon de service défendait de son mieux.

Le 6e corps ainsi que quelques régiments de cavalerie furent envoyés, pour s'opposer à la marche des Prussiens qui manœuvraient pour couper notre communication.

Dès-lors tous les non-combattants, ainsi que nos nombreux blessés qui se retiraient, se dirigèrent, en se détournant un peu de la route, sur Charleroi ; à mesure que nos batteries, qui n'avaient qu'un simple approvisionnement avaient brûlé leurs munitions, elles quittaient le champ de bataille et prenaient la même direction : cela formait une longue colonne et ressemblait déjà à une marche rétrograde.

C'est à ce moment que le maréchal jugeant de l'importance qu'il y avait à faire occuper la position du centre abandonnée par l'ennemi, et n'ayant point d'infanterie à sa disposition, fit demander une brigade de cavalerie. Cette troupe exécuta son mouvement au trot; mais on ne sait par quel vertige elle fut suivie de toutes les réserves, sans excepter celles de la garde qui, comme on le sait, n'obéissaient jamais qu'à ses propres officiers, ou aux ordres de l'empereur qui les ménageait.

Toute cette cavalerie, au nombre de 15,000 chevaux, vint s'entasser sans ordre et se gêner réciproquement; les premiers régiments, sur le sommet de la position qu'avait occupée l'ennemi; les autres, sur le versant du plateau.

On exécuta quelques charges assez heureuses, mais les plus avancés reçurent bientôt les feux directs et de flanc de l'infanterie anglaise, qui s'était établie dans un ordre parfait, adossée à la forêt de Soignes, afin de s'abriter des coups meurtriers de notre artillerie.

On apprit alors que ce mouvement spontané de notre cavalerie avait eu lieu, parce que les réserves, placées à plus d'une demi-lieue du champ de bataille, ne pouvant pas bien juger de ce qui s'y passait, avaient vu cependant l'ennemi abandonner sa position ; on le crut en retraite, ce bruit d'ailleurs se répandit, et le mouvement en avant de la brigade demandée par le maréchal vint le confirmer. Il y avait du danger et de la gloire à acquérir en le poursuivant, tous voulurent y prendre part; de là ce faux mouvement dont on a accusé le maréchal. Mais ce mouvement s'exécuta sous les yeux de l'empereur, il aurait pu l'arrêter; il ne le fit point.....

L'ennemi n'avait fait qu'un simple mouvement en arrière pour éviter nos coups. L'infanterie anglaise s'était en effet acculée à la forêt de Soignes, et il fallait être sur le haut du terrain qu'elle venait de quitter pour savoir et pouvoir juger du grand ordre qu'elle avait conservé. La ferme crénelée qui couvrait son centre résistait à tous nos efforts; plus de deux mille des nôtres y avaient été tués en cherchant à l'enlever. L'attaque de gauche n'avait pu réussir à se rendre maîtresse du château d'Hougmont, et cependant tout le 2e corps y avait été attiré successivement. L'attaque de droite n'avait fait aucun progrès, et le comte d'Erlon avait trop à faire sur son front et sur sa droite, surtout depuis l'arrivée de Bulow, pour pouvoir céder de nouvelles troupes au maréchal, ou lui porter secours.

La division d'infanterie du général Durutte, 1er corps, a presque seule supporté l'attaque du centre, qui était la plus importante, et elle s'y soutenait avec les plus grands efforts, lorsque le maréchal demanda le secours de la cavalerie, pour remplir l'intervalle qui s'agrandissait de plus en plus, entre le 1er et le 2e corps.

Le canon des Prussiens, qu'on entendait sur nos derrières, ne laissait pas que de nous inquiéter. A la vérité, pour détruire cette fâcheuse impression, l'empereur envoya ses aides-de-camp avec ordre de répandre sur toute la ligne que ce canon était celui de Grouchy.

Il était six heures, l'empereur faisait ordonner en même temps de renouveler l'attaque du centre qui s'était ralentie ; mais il fallait de l'infanterie fraîche pour recommencer, et le maréchal n'en avait plus à sa disposition. La moitié des soldats qui avaient commencé la bataille, étaient morts ou blessés ; l'autre moitié, harassés, manquaient de cartouches. Le maréchal en fit informer l'empereur par son premier aide-de-camp, en lui faisant demander de nouvelles troupes.

L'empereur répondit : Où voulez-vous que

j'en prenne? Voulez-vous que j'en fasse?.... Le prince Jérôme et le général Drouot ont entendu cette réponse; elle fut rapportée, sans y rien changer, au maréchal qui vit bien dès-lors que la bataille était loin d'être gagnée.

Cependant, un dernier effort nous mit enfin en possession de la ferme crénelée qui couvrait le centre de l'ennemi; elle nous avait coûté trop cher pour le peu de temps que nous pûmes la garder.

Entre sept et huit heures du soir, la droite du corps prussien conjointement avec la gauche des Anglais forçèrent notre extrême droite et la refoulèrent vers le centre en menaçant en même temps les derrières du 6e corps.

Cette marche audacieuse détermina l'empereur à envoyer quatre bataillons de la garde au maréchal Ney avec lesquels il ralentit un peu les succès de l'ennemi. Cette troupe paya de sa vie l'audace d'une défense devenue maintenant impossible; d'autres troupes de la garde vinrent aussi successivement pour appuyer les premiers bataillons, mais il était trop tard, tout devint inutile. L'ennemi six fois plus nombreux que nous et encouragé par le succès, marcha bientôt sans obstacles; le jour tombait, le désordre se mit dans nos rangs, toutes nos troupes furent forcées et entraînées. La garde elle-même ne put résister, elle suivit le torrent, et la route fut couverte de fuyards.

L'ennemi reprit la ferme crénelée et ayant rétabli des batteries sur le plateau qu'il avait abandonné le matin et lâché sa cavalerie, mit le comble à notre désastre. L'empereur fut mêlé dans ce désordre affreux; la déroute était complète. Le maréchal Ney, qui avait eu cinq chevaux tués sous lui dans cette fatale journée, à pied, à la tête des restes des quatre bataillons de la garde, fut le dernier à quitter ce champ de carnage. Un officier des chasseurs à cheval de la garde lui prêta son propre cheval avec lequel il put rejoindre la route et gagner Marchiennes-au-Pont. Il y trouva sa voiture et revint à Paris, où l'empereur l'avait devancé de vingt-quatre heures.

Tel est le récit fidèle de la désastreuse campagne de Waterloo, en ce qui concerne le maréchal Ney : puisse-t-il détruire les fausses insinuations qu'on a répandues sur l'un des plus braves guerriers de notre siècle, qui fut à Water-loo (quoi qu'on en ait dit) ce qu'il avait toujours été durant sa glorieuse carrière; ce qu'il avait été à Hohenlinden, à Elchingen, à Guttstads, à Friedland, en Portugal, et pendant sa mémorable campagne de Russie où il déploya tant d'énergie et de hautes capacités. Les hommes courageux qui ont survécu à la misère et au froid de cette époque lui doivent avec la vie qu'il leur a sauvée le bonheur d'avoir revu leur patrie et retrouvé leurs foyers! Puisse cet écrit, tracé après quatorze ans par un témoin impartial, prouver à ceux qui le liront que tôt ou tard la vérité se montre, et fait justice des accusations que l'ignorance ou la mauvaise foi cherchent à accréditer.

Paris 20 Juillet 1829.

Le colonel HEYMÈS.

QUELQUES DOCUMENS

SUR LA

BATAILLE DE WATERLOO.